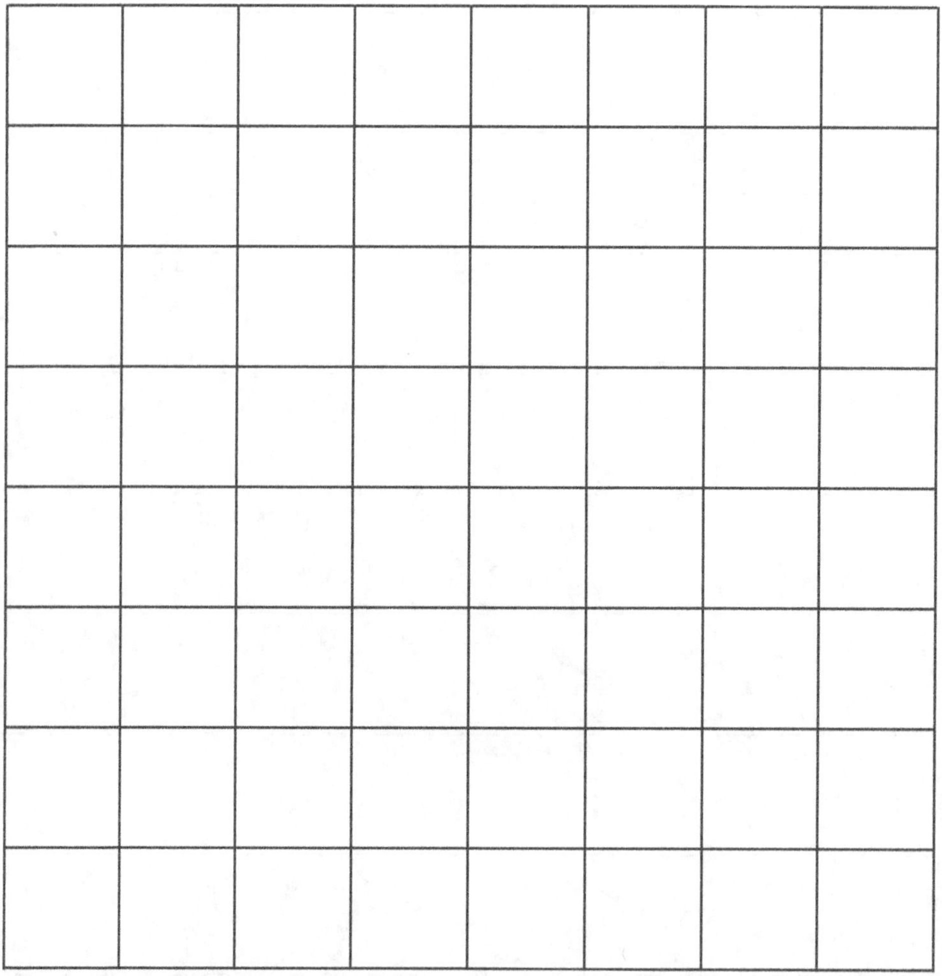

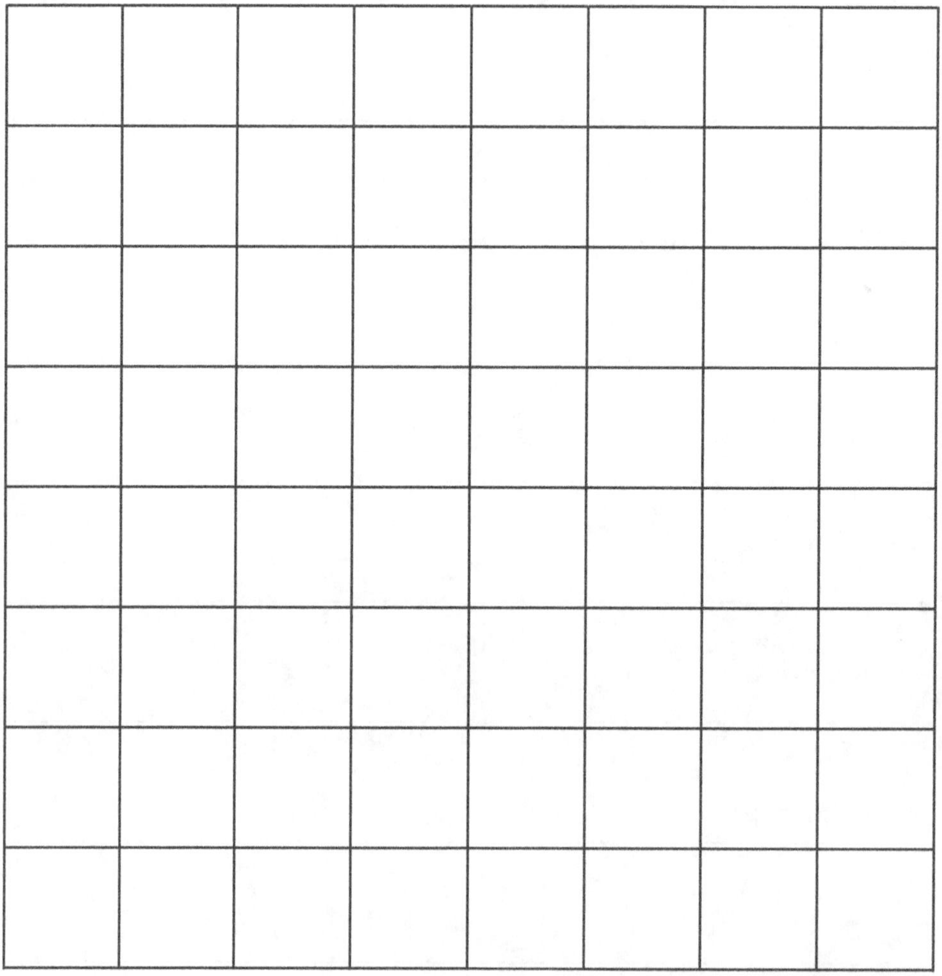

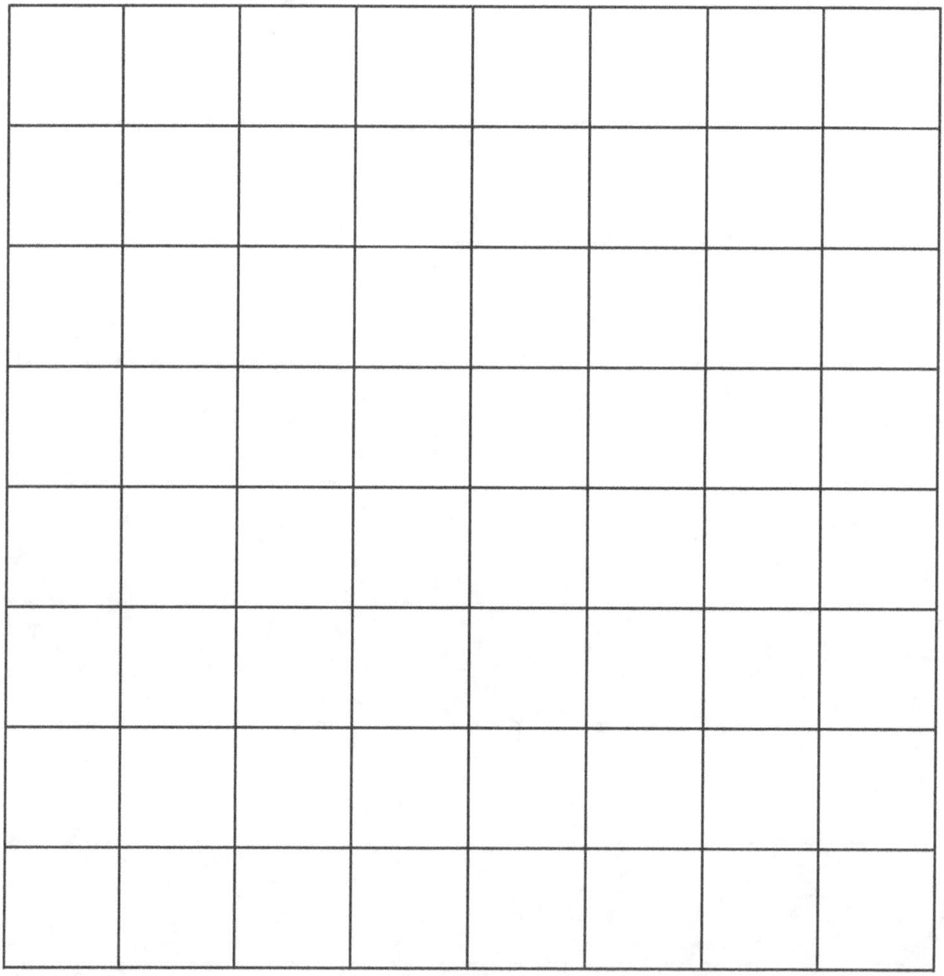

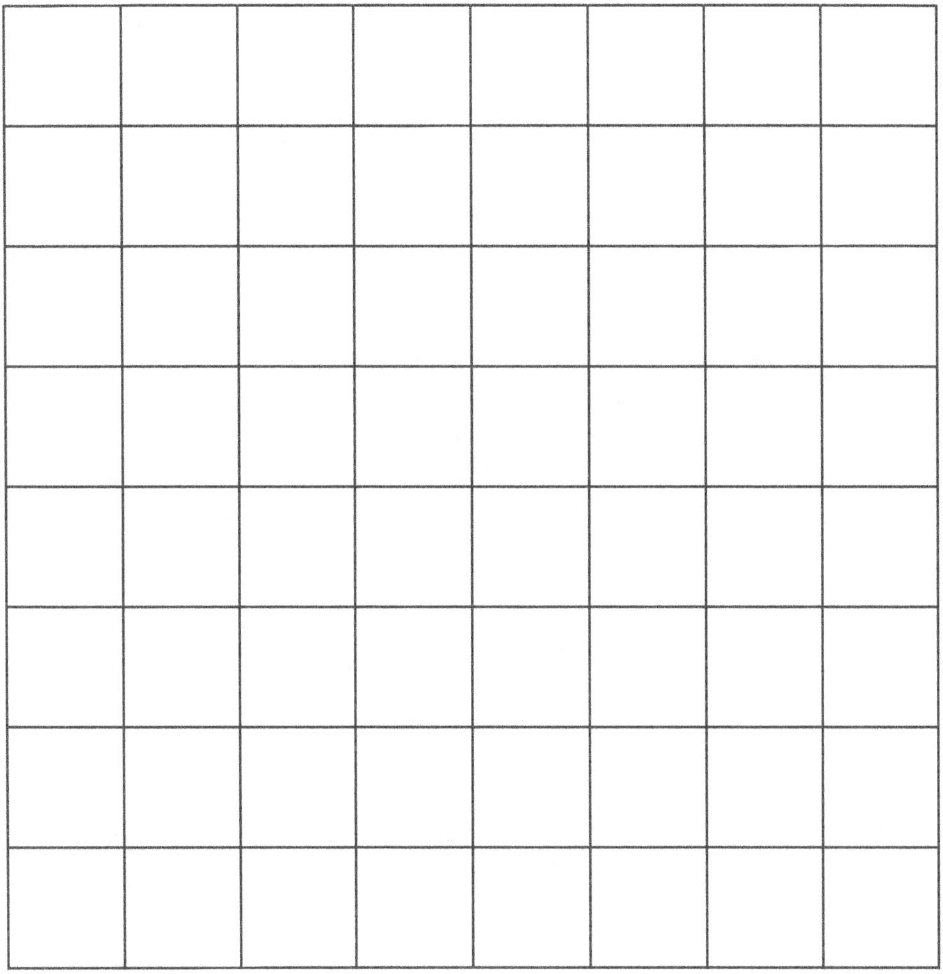

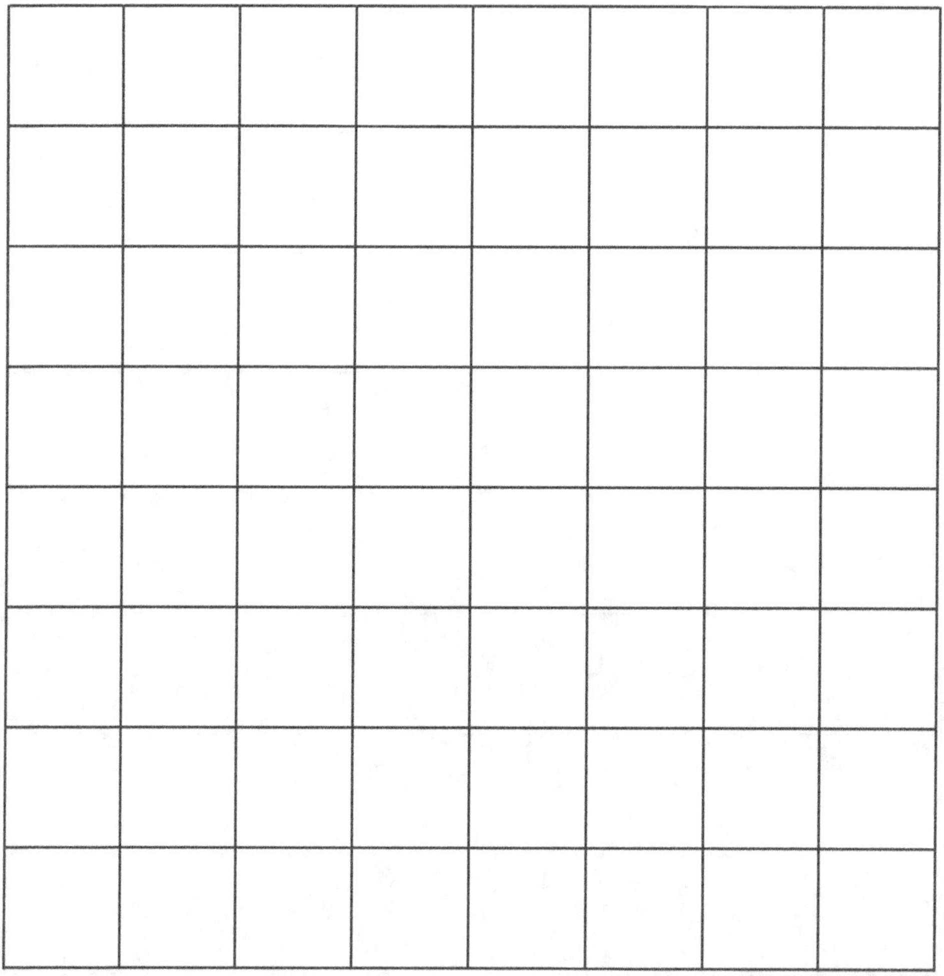

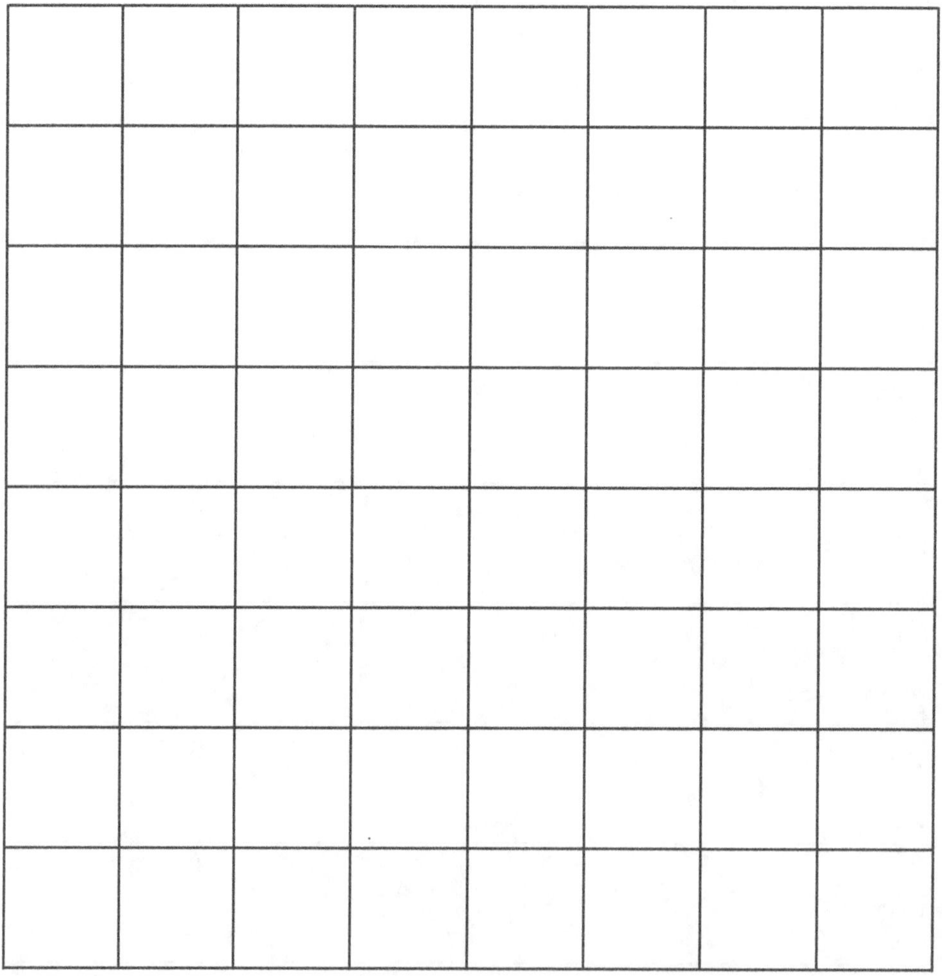

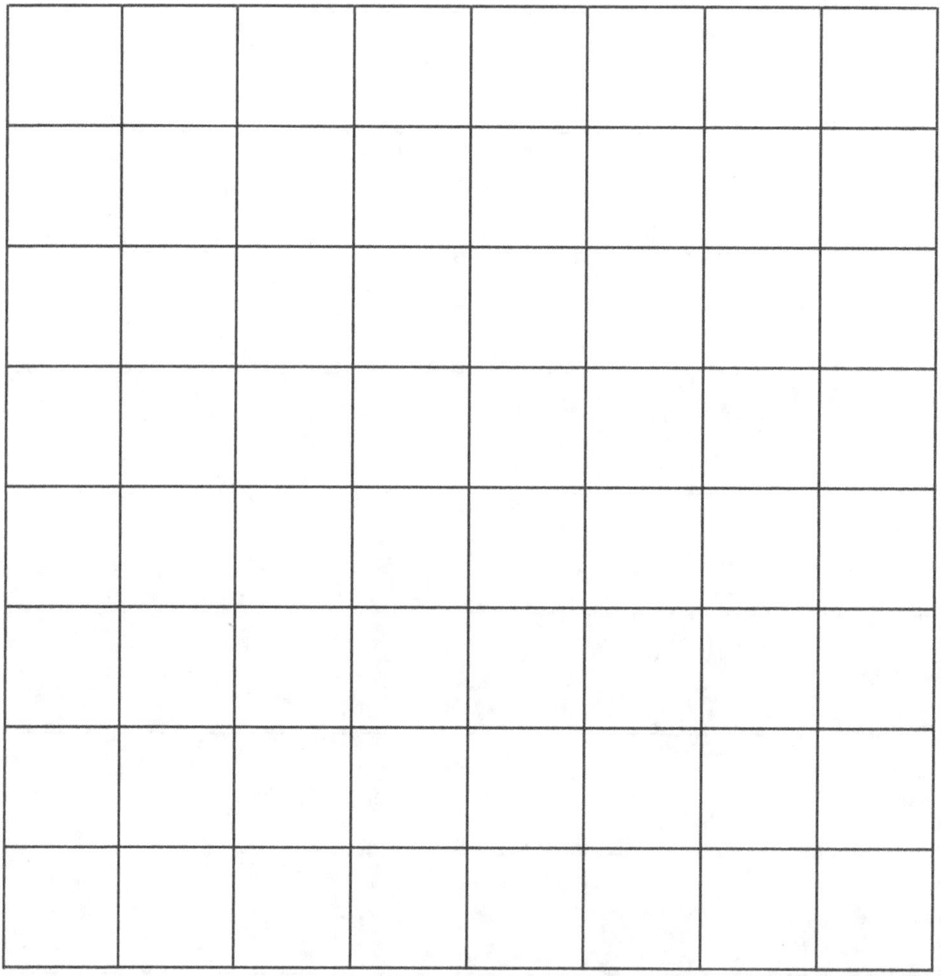

www.ingramcontent.com/pod-product-compliance
Lightning Source LLC
Chambersburg PA
CBHW051341170526
45166CB00002B/902
* 9 7 8 1 4 7 1 0 4 4 3 9 7 *